PÉTITION

D'UN NÉGOCIANT EN LIQUIDES

A MONSIEUR LE MINISTRE DES FINANCES

TOUCHANT L'APPLICATION DE LA LOI SUR LA

CIRCULATION DES LIQUIDES

EN MATIÈRE DE RÉGIE, OCTROI & DOUANE

suivie

D'UN MÉMOIRE

A L'APPUI

D'UNE ANALYSE

DES LOIS EXISTANTES ET

D'OBSERVATIONS

SUR LE PROJET DE

MONOPOLE DE L'ALCOOL

PAR L'ÉTAT

« Combattre la fraude,
« Protéger l'honnêteté. »

Prix : **75** Centimes (par poste 90 c.)

FOURMIES

IMPRIMERIE TYP. ET LITH. V. BACHY

1887

PÉTITION

D'UN NÉGOCIANT EN LIQUIDES

A MONSIEUR LE MINISTRE DES FINANCES

TOUCHANT L'APPLICATION DE LA LOI SUR LA

CIRCULATION DES LIQUIDES

suivie

D'UN MÉMOIRE

A L'APPUI

D'UNE ANALYSE

DES LOIS EXISTANTES ET

D'OBSERVATIONS

SUR LE PROJET DE

MONOPOLE DE L'ALCOOL

PAR L'ÉTAT

FOURMIES

IMPRIMERIE TYP. ET LITH. V. BACHY

1887

A Monsieur le Ministre des Finances a Paris.

Monsieur le Ministre,

Je viens solliciter de votre bienveillance le moyen de continuer mon commerce, que l'application des lois sur la circulation des boissons rend impossible. Je me permettrai de vous exposer la question et de la traiter à mon point de vue personnel, me trouvant dans le cas général du commerçant en liquides, c'est-à-dire comme négociant en gros, puisque je suis tenu à un entrepôt pour mes expéditions extérieures ; et comme marchand détaillant, ayant un magasin pour l'intérieur de la ville.

J'ai repris, il y a deux ans, une maison de commerce, connue sous le nom de l'Epicerie Moderne, située à Fourmies, département du Nord. Cette maison, créée par mon prédécesseur, a innové dans cette contrée le système commercial répandu actuellement, c'est-à-dire la livraison à domicile. Cette institution est possible pour tous les produits, à l'exception des liquides assujettis aux droits de régie. Je ne puis cependant pas abandonner une branche importante de mon commerce ; mais l'application de la loi de 1816 la rend impraticable.

En reprenant cette maison, j'étais loin de supposer l'importance de la loi précitée que j'ignorais ; mais deux contraventions de caractère différent m'ont amené à l'étudier dans ses détails.

La première contravention relevée contre moi en juillet 1886, a eu pour cause la circulation dans la commune de Felleries de ma voiture, avec quatre litres d'eau-de-vie à 45°, sans congé applicable, cette voiture ayant quitté Fourmies avec treize litres de spiritueux divers, accompagnés d'un congé visé à l'octroi.

La seconde contravention, datée du dix-sept août dernier, est due à la circulation, sans congé, à l'intérieur de la ville, de liquides sortant de mon magasin de détail.

Désireux de me mettre, comme tout bon citoyen, en harmonie avec les lois, et tenant, avant tout, à continuer mon commerce honnêtement, mais tranquillement, j'ai pris la liberté de vous adresser cette pétition en vous soumettant les faits que j'ai recueillis et les moyens que mon expérience me permet de vous exposer pour obtenir satisfaction.

J'espère donc, Monsieur le Ministre, que vous voudrez bien apporter quelque attention au mémoire que vous trouverez ci-inclus et c'est avec cette conviction que j'ai l'honneur d'être, avec le plus profond respect,

Monsieur le Ministre,
Votre très humble et très dévoué serviteur.

COUSIN-CORBIER.

Fourmies, le 6 octobre 1887.

MÉMOIRE

A L'APPUI DE LA PÉTITION DU 6 OCTOBRE 1887

Adressée à Monsieur le Ministre des Finances à Paris

Par COUSIN-CORBIER, Négociant à Fourmies (Nord)

———— ✳ ————

La loi du 28 avril 1816 appelle depuis longtemps l'attention des gouvernements ; et les modifications, apportées pour soustraire les assujettis à ce qu'elle a d'arbitraire, n'ont donné, il faut le reconnaître, que des satisfactions éphémères : Ceci dit, à titre de constatation, car je n'ai pas qualité pour faire l'étude des améliorations nécessaires ; je n'espère qu'une chose, c'est de vous pénétrer de la possibilité de rendre cette loi, telle qu'elle est, compatible avec les intérêts du contribuable.

Par l'article 1ᵉʳ, tout enlèvement ou déplacement de boissons oblige au paiement des droits de circulation.

L'article 6 ne permet l'application du 1ᵉʳ, que si l'expédition est accompagnée d'un acquit à caution ou congé ; et enfin l'article 10 oblige l'expéditeur à désigner les noms, profession et domicile des destinataires.

Ces trois principaux articles interprétés à la lettre, rendent, en mille circonstances de la vie domestique, la circulation et, par le fait, le commerce de liquides impraticables.

Le législateur de 1816 était inspiré par les nécessités de l'époque qui ne peut être comparée à la nôtre ; et, en 1832, quelques modifications insignifiantes et donnant cependant une certaine latitude, étaient apportées à la loi.

Qui peut contester la transformation opérée depuis soixante-dix ans ? La science et le progrès ont fait leurs preuves, ayant amené tout un changement dans les habitudes commerciales et domestiques : à l'époque de la promulgation de la loi, il y avait peu de consommateurs de vin et le commerce pouvait se conformer à ses exigences légales ; mais aujourd'hui, le commerce de boissons est identique à tous les autres et la plupart des consommateurs achètent en petite quantité et au fur et à mesure de leurs besoins, de façon que, pour le détail, l'application de l'article 1er serait inique et celle des articles 6 et 10 impraticable.

Que constatons-nous, par exemple, les jours de marché : les campagnards viennent s'approvisionner en ville où ils trouvent évidemment ce dont ils ont besoin, emportent jusqu'à huit ou dix litres, quelquefois plus, agissant collectivement et souvent par complaisance pour les voisins, rentrent tranquillement, dans l'ignorance complète de la contravention inconsciente qu'ils commettent et, dans ce cas, le trésor, loin d'être lésé, profite des droits d'entrée.

La loi n'a pas intention de viser le consommateur honnête, mais bien celle de réprimer la fraude. Aujourd'hui, il est possible de donner toute sécurité à l'Etat et de faciliter le commerce : J'en arrive donc aux moyens que je crois pratiques.

1° Je traiterai d'abord la question d'entrepositaire.

L'entrepôt est un magasin exercé par la régie et duquel aucune marchandise ne peut sortir sans être accompagnée d'un acquit-à-caution ou congé, exigence qu'il est quelquefois impossible de satisfaire.

En consultant les lois de 1816 et de 1832, on sent comme la prévision des changements qui s'imposeront plus tard en présence des difficultés sérieuses que présente, dans certains cas, l'application stricte de la loi. Ainsi l'article 12 de la loi de 1816, est ainsi conçu :

« Dans tous les cas où un simple passavant sera nécessaire et lorsque la régie n'aura pas de bureau dans le lieu d'enlèvement, cette expédition pourra n'être délivrée qu'au passage des boissons devant le premier bureau, moyennant que le conducteur ait été muni au départ d'un laissez-passer signé par l'expéditeur et contenant toutes les indications voulues par la déclaration : ce laissez-passer sera échangé contre le passavant. »

Le paragraphe 1er de l'article 43 de la loi de 1832 dit :

« A défaut de bureau de régie dans le lieu même de leur résidence, les propriétaires, les récoltants et les marchands en gros de boissons, qui auront à en expédier à quelque destination que ce soit, seront autorisés à se délivrer des laissez-passer jusqu'au premier bureau de passage : à cet effet, la régie leur remettra des formules imprimées dont ils seront tenus de justifier l'emploi. »

En 1816, on n'accordait l'autorisation que pour les passavants ; en 1832 on l'étend à toutes les pièces de régie ; acquit à caution, congé et passavant. Eh ! ne pourrait-on, en tenant compte de ce précédent, faciliter les transactions commerciales, tout en respectant la loi, par la généralisation de cette mesure, c'est-à-dire en autorisant les négociants à délivrer pour les expéditions et livraisons urgentes des laissez-passer qui, au lieu d'être, comme dans le cas précité, des feuilles détachées, seraient des souches, dont le talon exigiblement identique à l'expédition, resterait entre les mains de l'expéditeur. Ce livre serait contrôlé à toute réquisition. Voici l'exemple :

Un client se présente chez moi un dimanche ou à l'heure de fermeture des bureaux, ou encore il ne peut disposer du temps nécessaire pour l'obtention d'un congé : je lui délivre un laissez-passer dont je conserve le double. En cas de contrôle, si le numéro de la souche n'était pas identiquement conforme au laissez-passer, il y aurait contravention ; ce procédé garantirait suffisamment les intérêts du trésor, tout en offrant une complète sécurité aux consommateurs. Cette autorisation ne serait accordée que pour les expéditions par voitures étrangères et pour des causes spécialement déterminées, et le dépôt de la déclaration devrait être fait au bureau de la régie, immédiament, s'il est ouvert, et dès l'ouverture, dans les autres cas.

2° Expéditions à l'extérieur par ma voiture.

Je serais tenu de me munir d'un congé ; seulement, aux termes de l'article 10 de la loi de 1816, je dois désigner les noms des destinataires, ce qui exigerait très souvent autant de congés que de litres de boissons ; cette application serait par trop onéreuse et impraticable.

Il paraîtrait que, dans certains départements, on accorde des autorisations de délivrer des congés collectifs.

Cette autorisation ne répond-elle pas à l'esprit du paragraphe 2ᵐᵉ de l'art. 43 de la loi de 1832 ainsi conçu :

« *Lorsque les expéditeurs de boissons voudront*
« *se dispenser de déclarer les noms des destina-*
« *taires, ils seront admis à ne faire désigner sur les*
« *expéditions que le lieu de destination, à charge*
« *de faire compléter la déclaration avant que les*
« *conducteurs puissent décharger les voitures et*
« *introduire les boissons chez les destinataires.*

On pourrait, par interprétation de cet article, tolérer que les déclarations pour livraison à domicile fussent faites sous la formule : *Divers* ; et, dans une déclaration jointe au congé, on serait tenu de biffer au fur et à mesure des livraisons, de façon à ce qu'en cas de réquisition, les quantités restantes et les quantités livrées concordassent avec le chiffre du congé. Cette autorisation ne serait accordée que pour des quantités déterminées et pour chaque localité.

3° J'en arrive maintenant à la question du détaillant.

Pour le détail à l'intérieur, un livre spécial serait établi et l'expéditeur serait tenu, pour toute quantité dépassant la tolérance, de délivrer une souche établissant que la marchandise sort du détail, ce qui répondrait d'une façon générale aux autorisations de délivrer des passavants dans les villes rédimées. Le client trouverait ainsi une sécurité qui le mettrait à l'abri de toute suspicion en cas de visite.

Enfin, en vous soumettant tous ces éléments d'information, je me permettrai d'appeler votre attention sur l'application du timbre. Il est évident que cet impôt n'a pas été établi pour les expéditions infimes et que l'appliquer pour les quantités de un ou deux litres serait excessif. Il serait alors nécessaire d'en exempter toutes les expéditions qui ne représenteraient pas une certaine quantité. A l'appui, je citerai le timbre mobile, le timbre à quittance, et les vinaigres, qui exigent un laissez-passer, mais d'une façon plus équitable puisqu'ils sont exempts de timbre jusqu'à dix litres.

Je prendrai la liberté de vous signaler un fait qui aussi neutralise considérablement le commerce de vins au détail, et qui, au point de vue social, est anti-démocratique.

L'article 102 de la loi de 1816 établit le droit de détail à percevoir pour toute expédition au-dessous de cent litres de liquides : la loi du 24 juin 1824 a fixé un droit uniforme pour les alcools, mais a maintenu le droit de détail sur les autres boissons. L'Empire, à son avènement, a pris une mesure libérale, car l'article 6 du décret du 17 mars 1852, réduit cette quantité à 25 litres : cette disposition de la loi mérite l'attention du législateur, car il ne peut être juste de faire payer aux malheureux qui demandent *dix litres de vin* à 50 centimes, un droit de 18 centimes au litre, qui est cependant le tarif du département du Nord ; de plus, si plusieurs clients me demandent chacun dix litres de vin, je ne peux les leur expédier sans commettre une contravention et je me vois souvent obligé d'expédier au nom de l'un, en priant les autres d'aller, chez celui-là, chercher leur part, et en les exposant, par ce fait, à certains ennuis : ceci ne constitue-t-il pas une flagrante inégalité ?

Vous n'ignorez pas que l'administration même peut rencontrer de très sérieuses difficultés pour *remplir les obligations que lui impose la stricte application de la loi*, et il suffit de l'exemple suivant pour vous en convaincre.

Il y a à *Fourmies trois maisons de commerce* faisant des livraisons à domicile, il pourrait arriver, par coïncidence, et en se conformant aux articles 6 et 10 de la loi de 1816, qu'elles remissent simultanément leurs déclarations d'expéditions en alcools, vins et vinaigres, formant ainsi un ensemble considérable. Le service, organisé d'une manière suffisante en temps ordinaire ne pourrait répondre spontanément à une pareille besogne dans les deux heures réglementaires entre le dépôt et l'enlèvement. Il en résulterait l'impossibilité d'expédier, ce qui nécessiterait, en toute justice, des indemnités aux négociants. Joignez les marchands en gros, les détaillants, les brasseurs, et jugez de ce qui se produirait, si la loi était fidèlement respectée : vous constaterez facilement que certains jours un personnel excessif serait nécessaire et deviendrait inutile le lendemain.

On objecte, il est vrai, que le maintien de la loi de 1816 est dû à la nécessité de reconnaître l'origine des boissons et que, sans ces moyens, il n'y a plus possibilité de constater les cas de fraude.

Quels peuvent être les motifs de cette objection, quand tous les autres produits indigènes ou exotiques asujettis aux droits de douane et de régie, circulent librement ? Pour répondre sérieusement, il faudrait que l'administration accordât aux agents le droit d'apprécier le caractère plus ou moins frauduleux des contraventions ; mais, au contraire, l'agent consciencieux est souvent contraint de verbaliser avec la conviction qu'il n'y a que délit par imprudence ou par ignorance, ce qui n'empêche pas l'application de la loi dans la généralité, comme s'il y avait fraude. Ces faits établissent suffisamment qu'il y à là une légale injustice.

Je crois, Monsieur le Ministre, vous avoir soumis, comme commerçant, les moyens possibles de concifier les intérêts de l'Etat et ceux du commerce, tout en facilitant considérablement l'application de la loi, but envisagé par le législateur ; et, j'ai lieu d'espérer que vous daignerez prendre en considération la position d'un contribuable constamment exposé aux contraventions de règlement plutôt que de fraude ; cette fraude étant presqu'impossible, d'ailleurs, dans notre contrée qui se trouve éloignée de toute distillerie et est placée sous la double surveillance de la douane et de la régie.

Je dirai, de plus, en citant l'exemple suivant, qui m'est personnel, que l'entrepositaire est exposé à des contraventions sérieuses, quoique innocent.

J'ai reçu, il y a trois mois, un foudre de vin déclaré 639 litres. Je tins compte du débit de ce fût et je ne trouvai que 609 litres ; afin de m'assurer du fait, je fis emplir le fût au décalitre, opération qui me donna 614 litres à la bonde. La régie consultée constata à la jauge 690 à 700 litres, vu la difformité du fût. Sur ma proposition de dépoter, il me fut répondu qu'il ne pouvait m'être tenu compte de cette différence qui, en réalité, ne me causait qu'un préjudice de 3 fr. 45. Mais, en cas d'erreur, dans le sens opposé, le fût étant déclaré en moins, cela aurait permis de constater un excédant ; et il y aurait eu lieu de verbaliser : en quoi suis-je cependant coupable, puisque je fais la preuve que cette erreur m'est étrangère et que, dans l'un comme dans l'autre cas, je suis lésé ? c'est bien le moment de dire que ce n'est pas juste, mais légal.

Voilà donc des faits qui mettent le plus honnête commerçant dans une fausse position, tandis que le fraudeur prend les précautions nécessaires et profite même des lois pour agir en toute sécurité, surtout avec la latitude trop large accordée aux sorties d'entrepôt. Je ne pouvais croire que déclarant sortir à huit heures du matin pour une expédition de douze heures de trajet, on eût la possibilité de sortir à midi, pourvu qu'on fût encore dans le délai accordé ; c'est là évidemment une ressource offerte à la fraude, qui permet de faire plusieurs voyages, si l'on n'est pas rencontré et contrôlé. Ne serait-il pas prudent d'exiger la sortie à l'heure indiquée ou du moins dans un délai très limité ?

Pour qui connaît notre commerce, il est incontestable que généralement les réceptions sont préjudiciables aux entrepositaires par l'exigence de l'exercice en distillerie sur les quantités ; et, par ce fait, que l'introduction clandestine devrait être reconnue impossible, on est amené à ne supposer la fraude que sous l'inculpation de l'article 103 de la loi de 1816 et en établissant les *Déductions*. Cette prétention ne peut, à moins de faits spéciaux, supporter de discussion sérieuse, le législateur en ayant reconnu la nécessité et le droit dans l'expression mentionnée : — *Ouillage* — *Coulage* — *Affaiblissement de degré*. Ce qui n'est que justice, car cette déduction est insuffisante pour les petits négociants, qui, comme moi, manipulent beaucoup leurs liquides, obligés qu'ils sont de faire les livraisons en litres de contenance garantie.

La seule fraude pratique resterait donc possible dans les droits d'entrée par l'exagération des quantités déclarées pour l'extérieur et fournies en ville ; mais elle serait facilement réprimée par le contrôle suivi de l'octroi. En un mot, je ne vois pas sur quels faits sérieux l'administration peut encore aujourd'hui, dans les départements non-vignobles, considérer toutes les contraventions comme actes de fraude.

En reprenant cette maison de commerce, je m'étais fait un épouvantail de l'assujettissement à la douane, que je croyais bien plus dangereux que celui de la régie ; mais en envisageant les choses de près, j'ai reconnu mon erreur. Ne recevant aucune marchandise étrangère, je n'ai rien à redouter de la douane, tant que ses fonctionnaires restent dans leur spécialité ; car ils ne tiennent pas compte des différences en moins dans leurs réquisitions ; et, ayant par mon détail, des excédants, je puis, dans mes expéditions, faire des déclarations excessives. Mais il n'en est plus de même quand les employés des douanes, en vertu d'instructions spéciales, pratiquent leur exercice en matière de régie ; alors ils m'exposent à des applications moins raisonnées qu'avec les agents spéciaux, qui, généralement, apportent avec leurs assujettis directs le tact et l'urbanité ordonnés, du reste, dans la plupart des circulaires et surtout dans celles du 2 juillet 1848 sur le rétablissement de l'exercice supprimé pendant quelques mois.

J'insiste, Monsieur le Ministre, pour obtenir une solution favorable et aussi prompte que possible, par la raison que, si les deux contraventions dont je vous entretiens dans ma pétition n'ont pas été importantes, je reste constamment exposé à en subir de nouvelles, tout en me mettant en garde contre elles par tous les moyens possibles, et je craindrais alors une sévérité plus grande, surtout devant l'interprétation donnée, parce que je suis entrepositaire, ce qui me vaut une licence annuelle de cent-vingt francs et m'expose à des pénalités plus fortes que mes confrères en pareil cas, que Monsieur Watteau de Fourmies, par exemple, qui fait le même commerce que moi, mais qui a obtenu la *faveur* d'être détaillant entrepositaire. Et dans ces conditions, je me verrais obligé d'abandonner un commerce, auquel j'ai consacré toutes mes ressources, fruit de vingt-cinq années de travail.

Je terminerai, Monsieur le Ministre, en sollicitant une audience dont je serais très flatté et qui me permettrait de vous donner de vive voix les renseignements nécessaires au succès de ma cause.

Dans l'attente de cette faveur, j'ai l'honneur d'être,
Monsieur le Ministre,
Votre très humble et très dévoué serviteur.

COUSIN-CORBIER.

En mettant ma pétition sous les yeux du public, je crois devoir la faire suivre d'une analyse succinte des faits qui s'y trouvent relatés, et d'exemples établissant que la loi sur la circulation des boissons peut atteindre les commerçants d'abord, les consommateurs ensuite, tant son application est difficile et souvent peu équitable.

Ne cherchant qu'à propager et à faire accepter, en attendant mieux, les moyens de rendre supportable le joug de la loi, je me défendrai de tout ce qui pourrait froisser les sentiments de qui que ce soit.

En présence de l'effervescence produite actuellement par le projet de loi sur les boissons, il est indispensable que chacun publie ses idées : le commerce surtout y est intéressé.

Incompétent en administration et en législation, je me bornerai à exprimer ma pensée comme commerçant, et je n'hésite pas à reconnaître que les lois actuelles — interprétées et appliquées d'après certaines circulaires et instructions, notamment celles des 16 avril 1823 et 8 juin 1850, et modifiées dans un sens plus libéral comme l'exige notre époque — seraient préférables à tous les systèmes préconisés : ceux-ci seraient la condamnation de la démocratie commerciale.

Ce qu'on reproche aux lois actuelles, c'est de trop prêter le flanc à l'arbitraire et de n'être plus en rapport avec les habitudes du commerce et de la consommation. Nous, provinciaux, nous ne jouissons aucunement de la liberté ; tandis que les Parisiens l'ont entièrement. Si c'est par crainte de la fraude, que cette différence a été établie,rien ne prouve que Paris ne fraude pas plus habilement et plus facilément que la Province. Mais si l'on accordait à celle-ci une certaine latitude, tout en l'obligeant aux formalités jugées nécessaires, l'assujettissement perdrait beaucoup de ses inconvénients.

La loi vise le fraudeur ; mais l'interprétation considère comme tel chaque assujetti. — C'est là qu'est toute la question.

Et cette interprétation méconnaît les termes si précis des circulaires que j'ai citées et que je crois devoir reproduire.

« Circulaire n° 2, du 16 avril 1823. — Contentieux.

« Un des avantages les plus sensibles du rétablissement des directions départementales, c'est la création d'un nouveau degré de juridiction pour les redevables dans cette espèce d'appel au directeur du Chef-lieu des jugements de première instance des directeurs d'arrondissement. Si cette nouvelle forme de procéder est dans l'intérêt des contribuables, elle est aussi dans l'intérêt de la régie. Car rien n'est plus propre à faciliter le paiement de l'impôt et à affaiblir la résistance qu'il peut encore rencontrer dans l'opinion publique, que l'examen attentif des affaires et l'*équité des transactions*. L'administration compte beaucoup, pour atteindre ce but, sur le concours éclairé de vos soins dans le jugement des transactions qui seront présentées à votre approbation, comme de celles que vous soumettrez à la mienne. Vous saurez vous défendre d'une trop grande sévérité comme d'une excessive indulgence. Le devoir de la régie est de faire exécuter la loi, de constater les actes qui la violent, d'amener les contrevenants à en reconnaître l'autorité. Mais lorsque ce devoir est rempli, lorsque les principes conservateurs de l'impôt ont obtenu de l'aveu même des redevables la réparation qui leur est due, alors la régie peut, sans danger, se montrer indulgente pour les contraventions qui n'ont pas le caractère de la mauvaise foi et *qui s'excusent par quelques circonstances favorables*. Ces ménagements n'ont pas seulement l'avantage d'accoutumer les contribuables à se confier à la justice de l'administration ; ils lui évitent des instances judiciaires dont l'issue a toujours quelque chose de douteux et dans lesquelles elle peut succomber sans que l'autorité de ses règles en soit affaiblie. C'est dans cet esprit que les affaires contentieuses doivent être instruites par MM. les sous-directeurs d'arrondissement ; c'est dans cet esprit que vous devez les juger ; et j'ai la confiance que vous ne resterez pas au-dessous des espérances de l'administration. Je n'ai pas besoin, au surplus, de vous rappeler l'espèce d'exception où se trouve, sous ce rapport, l'espèce de garantie, puisque la législation interdit à la régie la faculté de transiger pour les contraventions relatives à ce service. Mais Son Excellence le Ministre des Finances conserve le droit d'adoucir la rigueur des jugements par la remise entière ou la modération des condamnations, lorsqu'il y a des circonstances atténuantes justifiant cette concession. Ainsi dans vos états 125 vous ne devez omettre aucune des indications qui peuvent

servir, en pareil cas, à éclairer l'opinion de l'administration et la décision du ministre. »

« Circulaire N° 450 — 8 juin 1850. — Contentieux.

« Le pouvoir de transiger sur les condamnations à
obtenir par suite des procès-verbaux de contravention et de saisie, est une attribution importante et délicate qui impose de grands devoirs aux employés de
la régie.

« L'usage modéré de ce pouvoir dissipe les pré-
ventions et apaise les résistances que rencontre la
perception de l'impôt. »

Rappelant les termes de la précédente circulaire,
celle-ci ajoute :

« Elle (l'administration) a toujours dit, elle répète
ici, qu'il est à propos de montrer beaucoup d'indulgence, lorsque les fautes ou les inexactitudes qui ont
été commises sont le résultat, soit des erreurs dans
lesquelles les contrevenants sont involontairement
tombés, soit de leur ignorance des obligations qu'ils
avaient à remplir. La simple négligence, l'oubli, peuvent et doivent être facilement excusés.

« La sévérité doit être réservée pour les cas de
fraude intentionnelle. Mais il y a, même dans la fraude, des nuances qu'il est essentiel de saisir et des
degrés qu'il faut savoir apprécier. De plus, la position
des contrevenants doit être prise en considération,
afin que la peine qui leur sera infligée *soit propor-
tionnée* à leurs ressources.

« L'administration a un intérêt réel a ce que la
répression soit indulgente, sans faiblesse et sans
rigueur, ne soit pas exagérée. La préparation et la

conclusion des transactions doivent donc être l'objet de la vive sollicitude des receveurs, entreposeurs, chefs de service, des contrôleurs principaux et surtout des directeurs. »

Et dans un paragraphe suivant : « Réduction, Annulation », il est dit que :

« Dans les cas où les transactions imposées par les directeurs ont été trop sévères, l'administration se réserve le droit de les modérer ou de les réduire autant qu'elle le juge convenable et même de les annuler. »

En un mot, dans cette longue circulaire qui examine tous les cas possibles de contravention, (erreur, différence de contenance et de degré, perte d'expéditions, etc.,) *la modération la plus large est recommandée.*

Et comment pourrait-il en être autrement, avec une loi qui a principalement ce caractère de ne permettre aucune circulation aux boissons qui ont payé l'impôt.

Dans l'application de cette loi, tout est tolérance.[1]

---

[1] Cette tolérance n'est sanctionnée par aucune loi, par aucun règlement, car il est dit dans le code administratif :

« Les faveurs de pure tolérance n'ont jamais pour effet de créer un droit. »
Cassation. — 4 février 1832.

« Les tribunaux ne peuvent se fonder sur les tolérances pour réduire les condamnations. »
Cassation. — 23 janvier 1313.

« Ils ne peuvent étendre ni modifier la tolérance de la Régie.»
Cassation. — 9 avril 1813.

« Une tolérance ne peut priver la Régie du droit de revenir à l'exécution de la loi. »
Cassation. — 15 avril 1821.

Et cette tolérance dépend essentiellement des dispositions des fonctionnaires de tout rang ; mais ils se
mettent par là même en contradiction avec l'article
1er de la loi de 1816 qui exige le paiement des droits de
circulation à chaque opération [1], exigence qui constitue un impôt multiple contraire à la stricte équité.

Ainsi un client qui, après avoir pris livraison
d'une expédition d'alcool par congé, se voit dans l'o-
bligation de retourner les boissons à l'expéditeur, ne
peut le faire qu'en vertu d'un acquit à caution ; et les
droits primitivement payés ne sont pas remboursés.
De façon qu'un fût de 100 litres à 42° valant 40 fr.,
qui a été adressé à un propriétaire ou à un débitant
rédimé, et pour lequel on a payé 65 fr. 65 de droit
de circulation, plus les droits d'entrée (s'il y a lieu),
ne peut-être retourné à l'expéditeur après sa prise de
possession par le destinataire, qu'avec un acquit à
caution ; et il n'est accordé aucune décharge des
quantités rentrées en entrepôt dans ces conditions.

Si la marchandise est replacée chez un autre propriétaire, le cas reste le même : l'expédition ne peut
se faire qu'en vertu d'un congé qui exige de nouveau
le paiement de 65 fr. 65.

---

(1) L'expédition, faite par un propriétaire, des boissons qu'il a en
cave et dont il a payé les droits, nécessite l'obtention d'un congé,
si le destinataire est propriétaire lui-même, congé par lequel il
doit payer de nouveau 156 fr. 25 par hectolitre d'alcool pur, et 2
francs pour les vins dans le département du Nord, — indépen-
damment des droits d'entrée et d'octroi. —Cette expédition nécessite un acquit à caution, si le destinataire est négociant, et
les quantités expédiées sont prises en charge.— Résultat : Les
droits payés restent acquis à l'Etat.

C'est là une source d'illégalités exposant les contribuables à des contraventions pour lesquelles l'indulgence devrait toujours être très grande.

Marchands en gros

Il est d'une nécessité absolue d'accorder plus de facilités au négociant. Le commerce de vins et spiritueux est tenu à un système tout particulier. N'est-il pas d'obligation commerciale que le client puisse se faire servir immédiatement la marchandise qu'il achète ? Cependant nos lois fiscales ne le permettent pas.

Que de fois les commerçants se voient obligés de refuser une marchandise, faute de pouvoir se mettre en règle !

Avec le système que je propose, cette difficulté n'existerait plus.

Quelle objection pourrait-on opposer ? N'y a-t-il pas consignation indéniable de l'expédition faite, puisque les droits sont acquittés sans retard ? — On pourrait même exiger que la déclaration fût (à n'importe quel moment) déposée au bureau. Il suffirait qu'il y eût à la porte une boîte spécialement affectée à ce service, et dans laquelle on jetterait la déclaration en cas de fermeture dudit bureau, sauf à régulariser l'affaire, aussitôt le retour des employés. Ce procédé n'occasionnerait aucun retard à l'expéditeur et faciliterait même à la Régie, le service de ses renseignements.[1]

---

[1] Il y aurait à tenir compte des négociants en gros dans les localités privées de bureau. — Art. 43 de la loi de 1832. — Cependant une disposition de la loi permet d'installer dans ces localités une recette buraliste.

J'insiste sur cette question dont l'importance n'échappera à personne.

La question des sorties multiples n'est pas soutenable ; car j'établis que le système actuel y est plus propice. Je l'ai démontré dans mon article *Délais*, f° 13. D'autant plus que j'enlève par mon système toute excuse aux retards dans les sorties, par cette raison seule que l'expéditeur sait exactement l'heure à laquelle chaque sortie doit s'effectuer ; tandis qu'avec le système actuel, certains inconvénients peuvent se produire : ainsi un client, par exemple, m'informe qu'il sera chez moi à 5 heures, heure que je porte sur ma déclaration ; mais ce client n'arrive qu'à 6 heures, et je me trouve toujours dans les conditions légale pour livrer. Cependant rien n'a pu m'interdire de faire une sortie précédente ; mais, en cas de contrôle sous prétexte que ce n'est pas la voiture du client, je répondrai qu'il n'a pu venir lui-même et ce motif suffira pour détruire toute idée de contravention.

Il n'en est plus de même, si ma déclaration est définitive, et, en cas d'irrégularité, il y a contravention.

L'essentiel est de faciliter les relations commerciales, d'assurer la sécurité de la circulation, mais de sauvegarder en même temps les intérêts du Trésor. C'est ce qui ne doit pas échapper à l'attention de nos législateurs.

Expédition en détail par la voiture du Négociant

Peut-on maintenir l'obligation des articles 6 et 10 de la loi du 28 avril 1816 ?

Il n'est ni juste ni possible qu'on exige autant de

congés que de destinataires ; car notre genre de commerce nous oblige au moins à faire 30 livraisons pour une expédition de 40 litres. Il en résulte qu'il faut payer par litre d'eau-de-vie — pour lequel on a déjà versé 70 c. de droit de circulation, sur 1 fr. 20 qui est son prix de vente — un congé de 20 c. ; Et pour peu que l'octroi exige le timbre de 10 c. (1) cela constituerait encore un impôt supplémentaire de 30 centimes au litre.

J'ajouterai que cette application (2) expose à des ennuis continuels le détaillant qui se croit en règle en prélevant le nombre de congés exigé par la loi.

Avec le congé collectif, le livreur peut facilement se mettre en règle au fur et à mesure des livraisons qu'il biffe d'un coup de crayon.

Avec le congé individuel, le livreur encombré peut commettre des erreurs ou des oublis dans les livraisons ; et, en cas de contrôle, des différences sérieuses pourraient être constatées entre les quantités inscrites et les quantités restantes. — De là des contraventions contre lesquelles nulle excuse ne peut prévaloir.

Maintenir le congé individuel, c'est vouloir supprimer une branche de commerce qui mérite cependant quelque considération.

---

(1) On l'exigeait précédemment. Aujourd'hui l'octroi ne perçoit plus qu'un timbre pour la sortie de tous les congés, quel qu'en soit le nombre.

(2) Quelle objection peut-on faire à l'autorisation du congé collectif ? La loi n'oblige pas le destinataire consommateur à sa reproduction.

Peut-on contester que nous, épiciers de genre, qui pratiquons le commerce au comptant, nous poursuivons le même but que les sociétés coopératives, avec cette énorme différence que nous laissons entière liberté aux clients et pleine facilité de critiquer nos produits ; nous leur fournissons, en outre, les marchandises en qualité, bon marché, et nous leur offrons toute commodité pour notre système de livraison. De plus, nous subissons toutes les charges du négociant, grâce aux impôts de toute espèce dont sont exemptés les grandes organisations commerciales.

Il est donc du devoir du détaillant de défendre ses droits, en réclamant une satisfaction aussi légitime.

D'autant plus que, je le répète, l'autorisation des congés collectifs ne saurait léser l'État que par l'application du timbre (1) qui, dans ces conditions ne serait pas égalitaire.

----

(1) En 1887, j'ai fait 77 expéditions, de mon entrepôt à mon détail, pour une quantité de 34 h. 21 l. 19 c. d'alcool ; soit un impôt de timbre de 0 fr. 45 à l'hectolitre d'alcool. J'ai fait 438 expéditions à l'extérieur pour une quantité de 25 h. 76 l. 55 c. d'alcool, soit un droit de timbres de régie de 3 fr. 40 à l'hectolitre d'alcool ; plus 131 timbres d'octroi, soit 0 fr. 50 à l'hectolitre d'alcool.

Cela constitue pour mes expéditions de détail 3 fr. 90 à l'hectolitre, frais qui s'élèveraient à 5 fr. 10, si l'octroi ne s'était conformé à l'équité la plus élémentaire.

Cet exemple est suffisant pour établir que le système des congés individuels, n'étant même pas fidèlement respecté, est une augmentation de droits arbitraire.

Question du détaillant

Je maintiens l'impossibilité légale dans laquelle se trouve le détaillant de faire son commerce ; et cependant il paie, en dehors de sa patente, une licence de détail qui devrait, en interprétant les termes légaux, être une garantie pour lui.

Il y a deux genres de débitants :

1° Le débitant à consommer sur place. — Il s'agit des cafés, estaminets, etc. On exige d'eux une autorisation après dépôt d'une demande quinze jours à l'avance.

Pour ce genre de débits, tant que les assujettis ne sortent pas des conditions exprimées dans le texte « à consommer sur place », ils n'ont rien à craindre de la circulation. Une seule loi leur est applicable, celle qui nous a coûté les trois longues séances des 16 février et 24 avril 1872, 23 janvier 1873, et qui a été enfin promulguée le 3 février 1873, pour n'atteindre qu'un but : celui d'être affichée dans l'intérieur des établissements. Mais les statistiques sont généralement muettes sur l'application de cete loi.

2° Le débitant à emporter. — Cette expression devrait suffire pour le définir : il n'en est rien. Il est légalement impossible à un tel négociant d'emporter ou de laisser emporter aucune boisson (1)

Je le maintiens, et le prouverai sans craindre d'être démenti. — C'est une ironie légale, que de faire payer cette licence à des contribuables à qui la

____

(1) Il y a la tolérance qui, je l'ai prouvé, ne fait pas loi.

loi refuse d'une façon pratique toute livraison à l'extérieur du magasin.

De plus, en étudiant les recommandations du code administratif, on lit :

« Chaque fois que la quantité expédiée dépasse le minimum de la tolérance accordée selon les localités, les boissons que les consommateurs achètent chez les débitants doivent être accompagnées d'expédition pour éviter qu'on ne les saisisse en route. »

Eh bien ! Je me demande si, en inscrivant cette recommandation aux consommateurs, on a songé à accorder aux débitants le moyen de s'y conformer.

Ainsi, qu'un client se présente chez un détaillant pour avoir dix litres d'eau-de-vie et de liqueurs diverses. Si le débitant est exercé, il peut, je crois, obtenir exceptionnellement un passavant du registre N° 3 B sans repayer les droits ; et, s'il s'agissait de quantités dépassant 100 litres, il faudrait, paraît-il, une autorisation qui est quelquefois difficile à obtenir ; dans tous les cas, les déclarations de cette nature doivent toujours émaner des bureaux de la régie, ce qui n'est pas pratique, surtout dans les campagnes souvent éloignées. Et de plus, les débitants rédimés et ceux des villes sujettes aux droits d'entrée n'ont aucun élément d'expédition, si ce n'est celui du congé, qui oblige de nouveau au paiement des droits et qui est commercialement impossible (1)

---

(1) Dans certaines villes on autorise les passavants de circulation jusqu'à 25 litres de contenance ; et ces passavants coûtent 50 c. Je dois dire que cette tolérance n'est pas générale. Il y a des villes où, grâce à l'influence des marchands en gros, cette autorisation est impitoyablement refusée, et où de nombreux procès ont lieu pour la circulation avec quelque litres à l'intérieur des villes rédimées.

Alors, quoique le système, que je réclame dans ma pétition, doive occasionner un travail surabondant, il permettrait l'application de la loi, et surtout la facilité du commerce et la sécurité du contribuable. Mais, je le rappelle, ce genre d'expéditions devrait être exempt du timbre.

Vins en détail

J'en arrive à la question de la vente des vins en détail.

Je démontre dans ma pétition que cette exception n'a plus sa raison d'être. Je crois utile de citer quelques exemples saisissants.

D'abord, pourquoi placer l'ouvrier des villes dans d'autres conditions que celui des campagnes ? En ville, l'ouvrier a au moins la satisfaction d'être traité sur le même pied que le riche ; s'il ne boit pas le même vin, il paie les mêmes droits, quelle que soit la quantité. — Le coût est de 11 fr. 50 l'hectolitre à Fourmies, pour 10 litres comme pour une pièce.

Dans les campagnes du département du Nord, le propriétaire , qui reçoit une pièce de vin valant mille francs, paie 2 fr. de l'hectolitre, soit 4 fr. 50. S'il reçoit un panier de 25 bouteilles de vin fin valant 10 fr. la bouteille, il paie 0 fr. 50 pour le tout. — Un ouvrier qui reçoit 10 litres de vin à 0 fr. 50, paie le droit de 12 % sur la valeur du vin, qui est estimé administrativement à 1 fr. 46 le litre (1), ce

---

(1) Cette taxe est d'une exagération dérisoire. Comment admettre que l'acheteur, qui a bien de la peine à boire du vin à

qui constitue une somme de 1 fr. 75 ; soit 35 pour cent de la valeur véritable du vin.

Voici le détail de cet impôt : 10 litres à 1 fr. 46 = 14 fr. 60 à raison de 12 pour cent, soit 1 fr. 75, plus le timbre ; tandis que, dans les villes, on aura payé les droits uniformes de 1 fr. 15 pour les 10 litres.

Ces exemples établissent le manque d'équité de cette réglementation. Il serait facile de faire disparaître un pareil abus sans que le Trésor eût à en souffrir ; car il neutralise les opérations de détail dans les campagnes, où les débitants évitent les droits arbitraires qui s'appliqueraient à leur consommation, en déclarant ne pas vendre de vin ; et alors l'ouvrier n'a d'autres moyens de se fournir que notre commerce, qui, ne pouvant opérer librement, se refuse généralement à l'alimenter.

Il en est de même avec les vins que l'Espagne nous envoie en arobes de 16 litres. Pour un seul à l'extérieur, le commerce doit payer 2 fr. 90 de droits, au lieu de 0,64, que paieraient deux arobes ; et la valeur n'est que de 20 à 25 francs. Et c'est à cause justement du genre d'enfutaillement, qu'il est souvent difficile de placer plus d'un arobe ; et le négociant supporte alors les frais d'expédition ; ce qui lui constitue (dans les proportions de l'affaire) une perte importante.

---

50 c. le litre, achèterait des vins à 325 fr. la pièce ? Les statistiques prouvent que les vins fins sont expédiés rarement en quantités moindres que 25 bouteilles et par une bizarrerie de la loi ; le droit détail à l'intérieur, peut être déclaré au-dessous du prix de circulation fixé par l'administration. En un mot, le débitant sur place a le droit de déclarer le prix de sa vente, le marchand en gros ne le peut pas.

Je ne reviendrai pas sur les difficultés que peut rencontrer l'administration pour satisfaire aux exigences de la loi. J'arrive immédiatement à la démonstration de la nécessité d'une loi rigoureuse pour la répression de la fraude et la constatation de l'origine des boissons.

Je répèterai donc je préfère les lois actuelles, avec les modifications qu'une étude sérieuse y apporterait, au monopole, par exemple, qui impressionne tant les masses travailleuses, et qui débuterait par profiter aux gros industriels, en enlevant aux commerçants plus modestes les principaux éléments de leur subsistance. Nous assisterions de nouveau à ces expropriations scandaleuses dont les résultats primordiaux seraient de sauver les épaves de certains établissements ou d'assurer la fortune des autres, et de soumettre ensuite la société et notamment le commerce à un régime plus vexatoire que l'assujettissement actuel. Ce serait, d'ailleurs, un assez triste moyen de relever le patriotisme en France, que de soumettre sans motif, toute la nation à la férule administrative. Car la question de falsification (1) est un prétexte seulement ; d'autant plus que des lois, suffisantes mais non appliquées, nous protègent contre ce fléau, qui se perpétuerait de plus belle sous l'égide de l'Etat.

---

(1) La distillerie n'est-elle pas arrivée à un perfectionnement aussi complet que possible, en neutralisant le goût des alcools à tel point, que nos grands établissements du Nord, expédient la majeure partie de leurs produits dans le Midi, où ils luttent presque avec avantage.

Les exemples, d'ailleurs, sont convaincants :

Le tabac, à l'intérieur, grâce à son prix excessif, est de qualité irréprochable; mais il ne peut être consommé que par le riche; et il est, à cause de cela, l'objet de cette fraude effrénée, qu'il est impossible de conjurer. A la frontière, le tabac dont le prix est forcément réduit, n'a qu'une qualité plus qu'ordinaire ; aussi n'est-il, en général, consommé que par le pauvre.

Evidemment ce produit donne une ressource fiscale des plus productives, atteignant chaque année, paraît-il, 400 millions de francs. Il n'en est pas moins vrai que, si la suppression du monopole était possible, le revenu en reviendrait au commerce, et surtout à l'agriculture, qui a tant besoin d'être aidée et qui rencontre tant de difficultés pour se relever de son écrasement actuel :

Mais, il faut le reconnaître, la nation est habituée à cet impôt qui date d'un temps immémorial (1); et c'est une utopie, que d'en espérer la suppression.

Le monopole des allumettes est d'une date plus récente, présente encore à nos souvenirs. Qui ne rappelle que, voté par une Chambre disparue, il n'a été accepté que par raison ? On sait aussi à quelles injustices scandaleuses son installation a donné lieu.

Que d'honnêtes gens vivaient indépendants à l'aide des allumettes qu'ils fabriquaient en famille et

---

(1) Le tabac a été assujetti à un impôt en 1629. Le monopole est daté de 1674. Il avait été supprimé depuis 1791 au 22 brumaire, an XII (1798)

livraient d'excellente qualité à des prix excessivement bas. Ils ont été, du coup, ruinés ; les uns n'ayant obtenu que des indemnités illusoires, les autres n'ayant rien obtenu du tout. Ils devaient cependant, plus que personne, compter sur la protection des lois. Et la conséquence du monopole pour le public a été que les concessionnaires, malgré les engagements pris par eux, ne livrent qu'une marchandise exécrable à un prix exhorbitant (1) et que les procédés de la compagnie sont beaucoup plus vexatoires que ceux de la Régie ou de la Douane. Et cet état de choses se perpétue malgré les plaintes incessantes des consommateurs ! C'est la lutte du Pot de Terre contre le Pot de Fer.

Et devant de pareils exemples on n'hésiterait pas à créer un nouveau monopole pour un produit dont l'usage est aussi répandu que l'alcool ! !...

Eh bien ! sous prétexte de combattre la falsification, que ne monopolise-t-on la Brasserie dont on dit tant de mal, — la pulvérisation des Poivres, qui ne doivent plus être que de tourteau, — la fabrication des huiles, vendues sous tant de noms de fantaisie, — les vinaigres, réputés pour n'être plus que des acides chimiques, — et enfin le vin, qui est peut-être le moins pur de tous les objets de consommation ?

Et puisse ce système monopolisateur nous rendre la longévité, qui serait évidemment beaucoup plus

____

(1) En Belgique, on achète, 1 centime la boîte, des allumettes identiques et de meilleure qualité que celles que nous payons en France 10 centimes.

sûrement garantie par l'étude approfondie des moyens
de combattre la démoralisation humaine !

Il y a aussi la question des abus de la consommation, dont on fait un épouvantail ; mais, encore pour
cela, il existe une loi dont on s'abstient de faire l'application.

D'ailleurs, il est constaté que, sauf dans certaines
régions restreintes, comme les régions minières, on
rencontre fort peu d'alcooliques. Et encore, quicon-
que a vécu avec l'ouvrier mineur, sait qu'il n'y a
pas lieu de le blâmer bien fort : l'homme qui sort de
son puits à 5 ou 6 heures du matin, et qui, exténué
déjà, doit encore faire souvent plusieurs kilomètres
de chemin, est exposé plus que tout autre à s'oublier
en route ; le même homme, se rendant au travail le
matin et en revenant le soir, ne s'adonnerait pas
aussi facilement à la boisson.

J'affirme que l'abus de l'alcool ne serait pas supprimé par le monopole, qui aurait tout intérêt, du
reste, à pousser secrètement à la consommation,
source unique de *produit fiscal.*

Et si la malheureuse loi projetée était votée par
les Chambres, n'aurions-nous pas à craindre de revoir
ce que le monopole des allumettes a produit ? c'est-
à-dire la formation d'une société gigantesque, deve-
nant concessionnaire du droit de fabrication, prélevant des bénéfices énormes, n'accordant aux détaillants qu'une remise dérisoire. — Ce serait la
condamnation sans remède de notre commerce.

Mais nous fondons encore notre espérance sur les
sentiments démocratiques des Chambres, qui sau-

ront se défendre contre des allégations erronées, et surtout épargner au pays les ruines que l'acceptation de ce projet de loi entraînerait.

Sans entrer dans aucune considération politique, je ne vois dans ce projet qu'une tentative pour dissimuler la non-exécution de la promesse qu'on ne voterait plus d'imposition nouvelle. Ce serait l'impôt, en réalité, mais sous une forme différente et plus déplorable encore.

Pour accepter le monopole des allumettes, la chambre de 1871 avait, du moins, une excuse : elle était aux abois pour faire face aux nécessités budgétaires exceptionnelles de cette époque néfaste. Les bénéfices devant résulter du monopole étaient évalués d'après une consommation qui devrait diminuer de moitié. Encore, il faut remarquer, à la louange de la Chambre, qu'elle avait introduit dans la loi une clause de résiliation tous les cinq ans. Mais ce qu'il y a d'étrange, c'est que les Chambres, qui se sont succédé depuis, n'aient pas profité de cette clause pour supprimer un monopole aussi impopulaire.

Et, en outre, le commerce n'a-t-il pas déjà à supporter ces monopoles industriels qui prennent le nom de syndicats, et qui, d'une façon légale et grâce au nombre restreint des intéressés, forment des pactes autocratiques imposant au commerce leur ultimatum, et n'admettant qu'avec mille peines les réclamations des clients.

Le principe de la liberté commerciale impose le respect de ces institutions, quelque égoïstes qu'elles soient ; mais il n'en est pas moins démontré que ce

système ne permet plus aux commerçants la discussion des transactions, et qu'il détruit l'effet écono-
mique de la concurrence intelligente.

Nécessité d'une loi

J'en arrive à la nécessité d'une loi qui donne satisfaction à l'Etat et aux contribuables.

Je serais tenté de rappeler l'exemple des législateurs de 1848 qui, par le décret du 31 mars de la
même année, et dont je rappelle les termes ci-après,
supprimaient l'exercice des détaillants.

« Décret du 31 mars 1848.

« SUPPRESSION DE L'EXERCICE DES DÉBITS
DE BOISSONS.

« Le Gourvernement Provisoire,

« Considérant que le mode actuel de perception
du droit sur les boissons est éminemment vexatoire
et onéreux,

« Considérant que l'exercice est attentatoire à la
liberté des citoyens qui s'adonnent au Commerce des
boissons,

« Considérant que la forme injurieuse de cet impôt constitue une excitation perpétuelle et comme
une excuse à la fraude,

« Considérant qu'il en résulte les plus graves dom-
mages pour le commerce, pour l'industrie, pour la
santé des travailleurs et même pour leur vie,

« Considérant que cette forme d'impôt, léguée à la
République par les trois derniers gouvernements con-
tre-révolutionnaires, est incompatible avec les nou-

velles institutions politiques et sociales que la France
veut fonder et maintenir.

« Voulant introduire l'esprit de justice jusque
dans la fiscalité.

« Décrète :

« Art 1er. — A partir du 15 avril prochain, sera
supprimée la perception des droits de circulation et de
détail sur les vins, cidres, poirés et hydromels, ainsi
que celle du droit de détail sur les alcools, esprits et
liqueurs. »

Suit la nouvelle législation pour les droits.

J'ignore les causes qui firent abroger cette loi au
bout de quelques mois ; mais il est constant qu'elle est
similaire à celle qui régit les cafés. Elle me semble
possible aujourd'hui, d'autant plus qu'elle a l'avantage d'accorder au détail une liberté suffisante, et
aux commerçants en gros la faculté d'entrepôt. Seulement, les entrepôts, au lieu d'être spéciaux, devraient être privés, afin de rester à la disposition des
négociants pour la manipulation des liquides.

Ce n'est là qu'un projet que je crois réalisable,
mais que je n'ai pas qualité pour juger plus ample-
ment.

Dans tous les cas, les termes de ce décret sont en
rapport direct avec les idées de notre époque.

On ne saurait alléguer la question de fraude (1)
pour repousser cette législation. Il est constant que
la fraude sur les cafés est plus pratique que sur les
alcools ; et alors des lois en vigueur sur ces derniers
devraient être appliquées aux premiers.

____

(1) Voir la question *Douanes*, plus loin.

Qui peut contester l'excessive surveillance de l'exercice dans les distilleries industrielles (1) des pays non vignobles (2) ? Et je répète que les expéditions sont préjudiciables aux entrepositaires ; de façon que, les sorties clandestines étant reconnues impossibles, la fraude ne devient plus qu'exceptionnelle et ne peut-être supposée que sur des questions de de droit : par exemple, dans la fixation des déductions accordées par l'art. 102 de la loi de 1816, question trop de légalité pour être discutée, et qui doit être considérée comme insuffisante. En effet, je dirai ici que les petits commerçants (3) qui comme moi manipulent les alcools en petite quantité, et ne peuvent (à cause de la disposition des entrepôts) combattre suffisamment les effets de l'évaporation, de-

---

(1) Toutes les distilleries du Nord sont sous le régime permanent, et les quelques petits établissements qui font exception, ne peuvent exercer la fraude que sur une petite échelle ; et, de plus, l'exercice temporaire y est peut-être plus dangereux, puisqu'on ne peut opérer, comme dans le premier cas, sous la responsabilité de l'administration,

(2) La loi sur les bouilleurs de crû droit être l'objet de la sollicitude des pouvoirs publics, en vue de combattre la fraude légale que les lois actuelles autorisent.

(3) J'ai en magasin 25 hect. environ d'alcool pur. J'ai expédié dans les neuf premiers mois de 1887, 59 h. 97 l. 74 c. d'alcool pur.
J'ai droit à une déduction de 105 l. 62 c.
En admettant une évaporation (inévitable dans un entrepôt exposé au soleil et où la température en été atteint de 20 à 25 degrés) ; sur 25 hectolitres d'alcool pur de 1/2 litre par hectolitre en magasin et par mois, soit 12 l. 1/2 en 9 mois. J'atteins le chiffre de 112 l. 50, supérieur à la déduction acquise et il ne reste rien pour la manipulation excessive à laquelle je suis tenu. Je ne crois pas par ces chiffres sortir de la vérité.

vraient obtenir d'autres conditions que les négociants qui ont tous les éléments nécessaires pour profiter de cette disposition légale. En toute justice, après une enquête sérieuse et contradictoire, il devrait être accordé une plus large répartition aux petits commerçants.

Il ne me reste plus maintenant à étudier que la perspective de la fraude sur les droits d'entrée. C'est une question que je traiterai spécialement. (1)

Je traiterai, en passant, la question des différences de contenance de fût, que je signale dans ma pétition.

N'est-il pas singulier qu'on ne puisse admettre l'existence de faits aussi péremptoirement établis ?

Voilà un fût qui a été expédié avec toutes les désignations le concernant mentionnées sur l'acquit, et qui n'a pu être contrôlé à l'arrivée. Mais il a été recensé à chaque exercice. Et, quand on constate l'erreur, des contestations surgissent ; on se retranche derrière la supposition que le fût a pu être changé. Il faut bien reconnaître que l'assujetti est dans une position plus anormale que le criminel, qui a toujours à sa disposition les moyens de se défendre ; tandis que l'honnête commerçant est suspect, et, malgré les preuves évidentes, ne peut faire admettre les raisons qu'il invoque.

Il me semble que, par voie d'enquête, ou par tout autre moyen, la preuve des faits pourrait et devrait être admise : ce qui serait de toute justice. Car les

---

(1) Voir la question : *Octroi*, plus loin.

tracas de ce genre peuvent avoir des conséquences désagréables pour les assujettis et aigrissent ceux qui en sont les victimes.

Contraventions

J'en arrive à la question la plus délicate de cet ouvrage, celle des contraventions, de leurs causes, et de leurs conséquences.

A quoi peut-on attribuer les circulaires et instruction spéciales qui pleuvent actuellement sur les contribuables, en vue de sévir contre des faits sans importance et surtout sans caractère de fraude. Ces instructions ne s'éloignent-elles pas de l'esprit qui a guidé le législateur dans les documents que j'ai reproduits précédemment fᵒˢ 18, 19. Où donc trouve-t-on, dans les procès inexplicables (1) qui se poursuivent chaque jour, cet esprit de justice et de saine appréciation qui doit présider aux procès-verbaux de contravention ?

En présence de la fausse interprétation des lois et de l'intérêt que la prime a pour eux, les employés se montrent évidemment disposés à suivre les inspirations des supérieurs ; de sorte que le commerce se trouve dans une position inquiétante, surtout par le fait de cette mesure excessive qui empêche les transactions par l'obligation de déférer toutes les contraventions aux tribunaux. La jurisprudence établit cependant que la mission des juges se borne à l'ap-

---

(1) Voir la série spéciale plus loin.

plication de la loi (1) ; que l'administration seule (se faisant juge et partie) a qualité pour apprécier, diminuer ou même annuler les pénalités prononcées. De cette façon, la suppression des transactions avant jugement est une cause de frais supplémentaires, ne servant à établir aucun principe d'appréciation, ce qui devrait cependant rester le patrimoine de la Justice.

Ces nombreux procès seraient-ils une source de revenus, pour atteindre le but idéal de ne respecter les impôts existants qu'en les rendant plus lourds d'une façon indirecte ?

Je dirai, avant de terminer cette question, que la prime ne devrait s'étendre qu'aux cas spéciaux où il serait établi qu'il y a délit avec intention de fraude ; alors le zèle et le service de l'employé seraient récompensés. Mais accorder des répartitions aussi généreuses pour des contraventions sans importance, et par simple règlementation administrative, me paraît un abus, en ce sens que cela excite outre mesure le zèle du fonctionnaire. Si celui-ci est conciencieux, il se révolte assurément contre l'obligation d'agir, dans laquelle il se trouve matériellemment. Et, de plus, l'administration devrait être assez sûre du mérite de ses subordonnés, pour ne pas être tenue de les stimuler par un moyen qu'il répugnerait aux commerçants (si suspects à l'administration) d'employer à l'égard de leur personnel.

---

(1) Il n'appartient pas aux tribunaux de juger la loi. Ils doivent l'appliquer telle qu'elle est. — Cassation, 25 mai 1814, 22 janvier 1820.

J'en arrive à l'exercice de la douane (1) en matière de régie. J'ai dit que ce système était fâcheux, non pas à cause du double contrôle qu'il donne à l'Etat, mais à cause du peu de tact et d'appréciation qu'on rencontre près des employés qui, ne pouvant découvrir des faits du ressort de leurs attributions, cherchent souvent une compensation en matière de régie. Je crois que les procès les moins fondés sont généralement faits par les gens qui devraient se tenir à l'écart.

Débitants entrepôsitaires

J'arrive enfin à la dernière question de ma pétition, celle relative aux débitants entrepôsitaires.

Leur situation établit une énorme différence entre eux et les marchands en gros.

Ces derniers, outre l'ennui de ne pouvoir surveiller directement leurs magasins, sont astreints à une licence annuelle et supplémentaire de 125 francs ; et, de plus, ils sont exposés à des pénalités autrement sévères que les premiers, qui ne profitent pas, il est vrai, des déductions ; mais qui font leur commerce avec une liberté relativement grande.

Je crois donc rendre service à mes confrères, en déclarant que ce droit est acquis à tous les détaillants faisant les expéditions, et qu'il ne constitue pas une faveur. Il dépend purement et simplement de certaines conditions, qu'il est facile de remplir, pour obtenir l'autorisation obligatoire. — Ceci, à titre de renseignement, et sous toutes réserves.

---

(1) Voir l'article de *Douane* plus loin.

J'ai entrepris de traiter toutes les questions qui m'intéressent comme négociant à Fourmies, où je suis assujetti à trois administrations fiscales : La Régie, l'Octroi et la Douane.

La Régie est traitée. Je vais m'occuper de la question « octroi ».

Octroi

Si un impôt est vexatoire, c'est bien celui-là. Frappant dans certaines villes tous les articles de consommation, il est en lutte continuelle contre la tendance à la fraude qui est reconnue évidente. Mais là aussi de grandes améliorations sont nécessaires. La fraude sérieuse se fait ouvertement ; les faits futiles et inconscients sont sévèrement réprimés. Toujours le même mal provenant de la même cause : La Question *Prime*, qui apparaît plus que partout ailleurs. L'Employé peu rétribué cherche à augmenter son budget et ne voit pas de moyen plus facile que de dresser des procès-verbaux. Aussi j'en reviens à ce que j'ai dit ; article « Régie » : La prime (1) ne devait être accordée que pour des faits établissant la fraude intentionnelle ; et, dans les autres cas, l'employé n'aurait droit à aucune rétribution, quoique étant tenu de signaler les faits qui ne devraient être punis que d'un droit double ou triple ou d'une amende en proportion avec la contravention. Peut-on ne pas être écœuré de constater ce qui se passe aux entrées ? Un équipage arrive. « Qu'avez-vous à décla-

---

(1) Voir Art. Régie — Chapitre contravention.

« rer ? » « Rien ». « Allez ! » et le cocher file. Une campagnarde suit. Même question. Même réponse. Mais avant de prononcer le mot « Allez » l'employé procède à une minutieuse perquisition ; et garé, si un malheureux lapin payant 15 c. est dans la voiture !

Est-ce là du service ? et je ne crains cependant pas d'être démenti.

On répondra qu'on ne peut visiter tout le monde, c'est vrai ; mais pourquoi plutôt l'un que l'autre ?

Je ne m'étendrai pas davantage sur ce sujet. J'aime à constater que le gouvernement nous promet la suppression de cet impôt vexatoire à tous les points de vue ; et, le jour de la réalisation de cette promesse, nous applaudirons.

Je crains néanmoins que cela ne rencontre de bien grandes difficultés.

D'une origine très ancienne, (1) l'octroi n'a été créé et n'est encore que la ressource spéciale des Communes. Et comment concilier par une taxe générale les intérêts des communes dont les charges sont si différentes ? ou alors par quel moyen, dans certaines villes excessivement grevées, remplacer cet impôt productif ?

______

(1) La Régie date de 1360, après la bataille de Poitiers, et a été créée pour couvrir les frais de guerre sous le nom d'Aides. Elle fut supprimée en 1791, (Décret du 16 février), et rétablie sous le nom de « Droits Réunis » en 1804, loi du 5 Ventôse an XII.

L'octroi date des Romains sous le nom de Portoria — Il a été organisé définitivement en octroi au douzième siècle, sous différentes formes, et disparut en 1791. Mais la Révolution reconnut la nécessité de son rétablissement qui fut décrété, pour la ville de Paris, le 29 vendémiaire An XII.

L'organisation du service y est aussi perfectionnée que possible ; et est, dans son application, plus raisonnée que celle de la Régie. En prenant certaines précautions dans la circulation, et en s'abstenant de faire la fraude, on n'a rien à redouter de cette administration, sauf des exigences tracassières qui pourraient être atténuées.

Certains moyens sont mis en évidence pour faciliter l'industrie et le commerce et surtout la fabrication ; mais les commerçants peuvent, avec juste raison, se plaindre de certains règlements qui entravent leurs relations extérieures, surtout par l'exigence des sorties à heures déterminées.

On objecte, comme toujours, que c'est une nécessité de la surveillance. J'ai dit quelques mots de cette objection dans mon mémoire ; je viens développer mes raisons.

Je prétends de nouveau que ce système facilite la fraude plutôt qu'il ne la combat.

Je me prends comme exemple ; je désirerais pouvoir quitter Fourmies avant l'ouverture des bureaux, qui a lieu en hiver à 7 heures du matin. On refuse de signer mes congés la veille, de façon que, pour satisfaire aux obligations de mon commerce, je devrais payer les droits d'entrée sous forme de sortie non justifiée. Ce procédé est d'abord injuste et me paraît anti-administratif ; puisque, en matière de liquides, si l'expédition a lieu par congé, (1) comme ce congé ne reparaît pas et ne peut être exigé par le service

(1) Voir article « Régie ». — Congés collectifs f° 24.

de la régie, on me réclame les droits ; mais il n'en est plus de même pour l'expédition par acquit-à-caution, qui, étant reprise en charge chez le débitant, ne peut être contestée par l'octroi à la sortie, et ne peut être l'objet, comme dans le premier cas, d'une réclamation des droits. Eh bien ! je vois reparaître dans ce système vicieux l'élément de fraude le plus élémentaire.

Qu'un négociant en gros s'entende avec un débitant rédîmé de la campagne. Il déclare expédier à cinq heures du matin une certaine quantité d'alcool ; mais cette expédition ne se fait pas, et l'acquit-à-caution est envoyé au débitant qui en acquitte les droits. Rédîmé, il n'est pas exercé, et la preuve de la sortie non visée est portée quand même en décharge au négociant en gros ; car la Régie, qui a perçu les droits dans un bureau voisin, ne peut contester le fait ; et le droit reste acquit au fraudeur. (1)

Avec mon système de sortie à l'heure exacte, le service peut se renseigner par une surveillance de courte durée ; tandis qu'avec le système actuel si l'employé se doute de la fraude intentionnelle et qu'il surveille la sortie, le négociant peut toujours répondre qu'il est dans les délais ou déclarer se trouver dans une impossibilité imprévue de faire son expédition. Et je dirai plus : afin de faciliter les cas où cette impossibilité existerait, en admettant ma manière de

----

(1) Pour éviter l'excédant, le négociant en gros a eu soin de sortir, pendant les délais accordés, la même quantité d'alcool afin d'éviter les excédants.

procéder, le négociant, afin de l'établir, serait tenu
de déposer dans la boîte du bureau de régie, préala-
blement, une déclaration motivant l'empêchement en
question. Voilà donc un moyen certain qui donnerait
satisfaction au commerçant, travailleur et honnête et
mettrait un frein à la fraude, qui me paraît être des
plus faciles (1).

Je réclamerai une autre facilité qui évidemment ne
doit pas être rejetée. Ce serait le cas des entrées
en dehors des heures de bureau. Le négociant qui
arriverait, par exemple, en ville, dans ce cas, serait
tenu de remettre à la dite boîte les acquits ou congés,
ou toute déclaration ; et, par un moyen qu'il serait
possible détablir, il serait facile de disposer du temps
qui est souvent très précieux, et surtout pour notre
catégorie de commerçants, exposés que nous sommes
souvent à rentrer après leur sortie des marchandises
en petite quantité : ce qui nous expose quand même
aux contraventions ; et cela pour une cause imprévue, telle que refus ou insolvabilité du destinataire,
qui nous a empêché de livrer.

Le dépôt de déclaration nous convaincrait de la
non intention de rentrée clandestine ; et cette déclaration (2) pourrait être établie de façon à en justifier

---

(1) Il ne serait pas convenable que je dévoilasse les moyens de
fraude fréquemment employés et que le service n'ignore pas,
mais qui ne peuvent être constatés d'une façon pratique, la loi
s'y opposant.

(2) Exemple : Ma voiture ayant quitté Fourmies le matin avec
40 l., mon Livreur n'a pu en livrer que 38, il lui reste 2 litres.
Avant sa rentrée dans les limites de l'octroi, il doit en faire

l'authencité à toute réquisition — et en cas contraire donner lieu à contravention.

Voilà des moyens que je laisse à l'appréciation de nos administrateurs, qui doivent enfin en finir avec cette crainte trop caractérisée de donner trop de besogne à un personnel rétribué à cet effet.

On m'objectera, je le prévois, le service permanent de certaines villes. Je répliquerai que, d'abord, il n'y a que les villes importantes ; et, de plus, que cela facilite plus qu'on ne le croit en haut lieu la fraude sur une grande échelle.

Il existe dans certaines petites villes la facilité de sortir à toute heure, en prévenant le service ; mais à titre onéreux ; c'est-à-dire que, moyennant 1, 2 ou 3 frs, un employé accompagne l'expédition jusqu'aux limites de la ville. Mais ce système n'est pratique que pour les gros négociants et non pas pour nous qui donnerions alors souvent plus que cette sortie ne nous rapporterait.

Dans tous les cas, toutes les villes, et entre autres Fourmies, n'offrent pas cette facilité.

Je terminerai là, quoique pouvant encore citer bien des faits. Je crois avoir suffisamment cherché le moyen qui permette au commerçant assidu et honnête, de remplir ses obligations légales et commerciales.

---

la déclaration sur un livre dont il est porteur, pour qu'en cas de réquisition, il établisse l'intention de déclarer la rentrée même avant l'arrivée au bureau où il sera tenu de l'y déposer.

Douane

La Douane est une de ces institutions qui effraient, mais qui s'imposent d'une façon péremptoire ; elle est la sauvegarde de nos intérêts les plus chers, défendant dans les conditions légales notre territoire contre l'invasion des produits imposés ; et cette administration, quelque désagréable qu'elle soit, est celle qui résistera le plus aux révolutions sociales. Croire à sa disparition, serait une utopie comparable à celle de l'unification des peuples.

Les lois, qui la régissent sont d'une sévérité excessive ; et cependant elles ont l'avantage, contrairement à celles de la Régie, d'être plus précises et plus praticables.

La Douane est beaucoup plus brutale ; les contraventions sont suivies d'arrestations et incarcérations ; mais, à part les imprudences, contre lesquelles il faut se mettre en garde, en s'abstenant de fraude, on n'a rien à craindre de cette administration. Elle ne se montre exigeante dans ses réquisitions que dans les cas où, par exemple, avec un passavant de dix kil. de café, elle en constaterait quinze ; tandis que dame Régie, au contraire, se montre tolérante, reconnaît que les lois en vigueur ne sont pas applicables, qu'il faut beaucoup de ménagements ; qu'on ne peut, en un mot, empêcher le commerce. Et un beau jour le commerçant confiant dépasse un peu les limites de la tolérance ; rencontrant alors des dispositions moins conciliantes, il est pincé ; et sous prétexte que l'affaire est peu importante, on ne l'arrête pas ; mais on puise à pleine main dans sa bourse jusqu'à équisement, s'il le faut.

C'est la loi.

J'établis donc la différence de ces deux administrations, qui sont sœurs, mais de nature bien opposée.

Ceci dit, j'en arrive aux observations que je crois devoir faire au sujet de cette administration.

La loi, je l'ignore complètement, n'ayant pas, comme dans le cas précédent, le même intérêt à la discuter ; mais je puis dire qu'il faut vivre aux extrêmes frontières, pour se faire une idée des effets de cette législation. Dans le centre de la France, la fraude est un fait exceptionnel. Aux frontières, c'est une habitude, considérée comme une économie au point de vue domestique et un moyen d'existence pour nombre d'ouvriers dédaignant le travail honnête. De plus, il faut le reconnaître, la législation oblige à cette fraude ; et j'en fus frappé par la déclaration d'une personne habitant un village limitrophe de la frontière à qui je manifestais mon étonnement de la fraude qu'elle faisait. « *Que voulez-vous ? il faut « bien aller chercher notre café en Belgique ; nous « ne pouvons en acheter ici.* » Toujours le même embarras pour la circulation.

Un habitant d'une commune touchant à la frontière, en achetant le café à l'épicier de sa commune, est exposé à la saisie ; car on n'admet aucune preuve, ni sac au nom de la maison, ni facture : le café est considéré comme provenant de fraude. Le moyen d'assurer sa sécurité, est le passavant émanant du bureau plus ou moins éloigné ; et, je le répète de nouveau, la latitude, accordée à l'expéditeur de délivrer le passavant gratis, empêcherait, par la facilité de la circulation, considérablement la fraude.

Le commerçant a son compte d'entrée et de sortie ; les entrées s'établissent à l'appui de preuves sérieuses d'origine ; les sorties s'établiraient par les expéditions qu'il ferait et qui ne pourraient dépasser les entrées, même au moyen du contrôle des marchandises en magasin.

L'objection des sorties multiples est encore combattue par l'heure exacte de la sortie, les délais de circulation et la route à suivre. Autant de conditions à respecter. Par l'obligation de réclamer le passavant au bureau, on neutralise le commerce et, on oblige à la fraude (1) et par ce fait on ne peut en principe faire autrement que de se montrer tolérant pour les habitants des communes qui touchent à la frontière ; et c'est ce qui s'y pratique. Nous, négociants de Fourmies, ville rédimée et par ce fait jouissant d'une certaine liberté, nous ne sommes pas tenus au passavant à l'intérieur de la ville ; mais pour les campagnards qui nous demandent du café, nous nous trouvons dans le même cas, et l'administration a compris l'abus que je signale, en autorisant la circulation, en dehors de la ville, par quantité de trois kilos, les jours de marché.

---

(1) A Ohain (Nord) par exemple, le consommateur a plus vite fait d'aller à la frontière que chez l'épicier, qui doit à son tour aller au bureau demander un passavant. Les épiciers de cette commune de 1500 habitants, ne vendent pas cinquante kilos de café par année.

Ici, ce que j'ai dit (f° 6) autre part doit être répété : les campagnards sont appelés à reporter les provisions des voisins, et alors il se produirait souvent des expéditions plus importantes que celles tolérées, et qui exposeraient les détenteurs à des ennuis sérieux.

Malheureusement nous n'avons pas à réclamer jusqu'à maintenant pour nous cette latitude qui ne nous servirait que rarement, car cette vente peut être considérée comme nulle tant en ville que dans les campagnes voisines (1) ou l'approvisionnement domestique ne se fait que par les fraudeurs, dits pacotilleurs.

Que peut-on répondre à l'objection de l'administration devant la suspicion dont nous sommes l'objet? A quels dangers, devant le peu d'écoulement intérieur *(et les exemples sont frappants)*, les négociants qui reçoivent le café en fraude ne s'exposent ils pas ? Pouvons-nous avoir rien qui tienne plus à nos intérêts, que de solliciter par tous les moyens légaux la répression d'un abus démoralisateur à tous points de vue, et qui lèse nos finances particulières et plus encore celles de l'Etat ? Quelle comparaison établir entre ces fraudes réelles et incontestables et celle des liquides que l'on ne peut que supposer par principe de loi et qu'on ne saurait établir par aucun fait matériel ?

---

(1) Il est enregistré au Bureau de Douane de Fourmies (ville de 16.000 habitants) comme entrées de cafés, environ 12.000 kilos par an. Quantité que vendent passablement de maisons de détail dans des petites villes de 3.000 à 4.000 habitants.

Je le répète : j'ignore les lois de Douane ; mais devant les renseignements que j'ai recueillis, je trouve que bien des formalités compliquent et neutralisent la surveillance.

Deux douaniers à leur poste arrêtent un fraudeur avec 5 et 6 kilos de café ; ils sont tenus de le conduire au bureau, de rédiger un procès-verbal, et enfin de faire écrouer l'homme aussitôt à la prison du chef-lieu d'arrondissement. De façon que souvent une contravention, constatée à 10 h. du matin, fait abandonner la surveillance aux deux fonctionnaires, jusqu'au lendemain, pour le peu que les communications ou la distance au chef-lieu d'arrondissement ne permettent pour l'écrou le jour même. Que de formalités et que de frais, pour 5 à 6 kilos de café et pour une amende irrécouvrable ! Il est vrai que le caractère de la répression, supposé le meilleur, est la prison.

Je doute, par les exemples nombreux, que ce moyen donne des résultats satisfaisants. Qui connaît le fraudeur, l'a connu fraudeur jeune et fraudeur tout le temps. Sitôt sorti, il recommence.

Je ne fais que constater et m'abstiendrai de m'étendre sur ce sujet. Mais je ne puis croire que cette législation rende des services en rapport avec les frais quelle nécessite. Je me bornerai à dire que devant cette perte de temps pour des fraudes de ce genre, perte qui est souvent le résultat d'une manœuvre de la part des intéressés, il n'est plus étonnant de constater l'importance de la fraude.

J'inviterai qui voudra se renseigner à se rendre

dans une de ces maisons de Commerce de la frontière où, j'ai assisté à un spectacle que je n'oublierai pas ; car, en deux heures, j'en ai vu sortir vingt fraudeurs chargés chacun de cinq à huit kilos de cafés parfaitement dissimulés sur diverses parties du corps. (1) Je fus frappé de ne rencontrer, soit par la route que j'ai suivie pour me rendre à cette habitation, soit par le sentier à travers bois que j'ai pris pour revenir en France, aucun poste de douaniers ; et cette maison est située à peine à cinquante mètres de la limite frontière. Je ne puis cependant pas croire que les lois interdisent au service des douanes de s'approcher trop près des limites. Ceci, à titre de constatation, est laissé à l'appréciation des pouvoirs compétents ; mais, je le répète, la fraude sur le café est effrénée, et aucun moyen sérieux ne peut la réprimer ; et nous, commerçants, qui en subissons les conséquences, nous avons le droit de demander à l'Etat d'employer tout ce que les lois existantes permettent, ou de modifier ces lois, si elles ne sont pas jugées suffisantes.

---

(1) Quel tableau écœurant. Dans l'estaminet, hommes, femmes et enfants de tous âges, consomment et gouaillent, s'entendent sur la route à suivre, et paraissent connaître où les postes de douanes sont établis. Quelle immoralité et quel dévergondage ! ! il serait trop long de retracer le tableau dont j'ai été témoin. De l'aveu même du patron, il vend mensuellement 100 à 150 balles de café, ce qui constitue une fraude, rien que pour cette maison, de 10 à 15,000 francs chaque mois, et il m'assurait que rarement ses clients étaient pris par la douane.

Monopole

Je reçois tardivement un ouvrage (1) combattant le projet de monopole des alcools de M. Alglave et exposant les divers autres projets qui sont à l'étude.

J'en conseille la lecture.

Je me bornerai à reproduire les traits saillants du texte de M. Alglave, en signalant les principaux abus qui en jaillissent. Jugera qui voudra.

ARTICLE II

LE COMMERCE LIBRE

« L'État n'interviendrait aucunement dans la fabrication des liqueurs, ni dans le commerce de détail, et les marchands en gros continueraient à commercer entre eux ou avec l'étranger comme aujourd'hui. Seulement, avant d'arriver au débitant ou au consommateur privé, les liqueurs devraient passer par les mains de l'Etat, et encore pourrait-on toujours échapper à cette obligation en payant une taxe un peu plus élevée. »

Voilà le commerce en gros réduit à ne travailler que sous le contrôle de l'Etat, qui fournirait les bouteilles de 25 centilitres au prix de un franc. Ces bouteilles ne pourraient être emplies qu'après vérification de la pureté du liquide.

Résultats : Avance considérable au Trésor et manipulation presque impossible.

---

(1) L'alcol et l'impôt des boissons, par Georges Hartmann, prix 5 francs.

ARTICLE III

NATURE DES EAUX-DE-VIE

« Les eaux-de-vie communes qui représentent, sous des noms divers, environ les 95 centièmes de la consommation totale, ne sont que de l'alcool étendu d'eau, et teinté, quand il doit prendre le nom de Cognac. »

Quelle erreur sur les chiffres ! C'est une ironie de prétendre que les 95 centièmes de la consommation actuelle sont impurs. L'auteur ne tient pas assez compte des fraudes des bouilleurs de crû signalées d'une façon péremptoire. Si ces chiffres étaient exacts, ils prouveraient encore mieux que le Nord de la France est la source des revenus de cet impôt et s'est maintenu dans le rôle de l'honnêteté.

ARTICLE IV

ACHATS PAR ADJUDICATION

« L'Etat achèterait l'alcool par voie d'adjudications très fractionnées et très multipliées (par exemple, par 5 ou 10 hectolitres), adjudications faites chaque semaine dans tous les centres de fabrication, de telle sorte qu'il y aurait autant de ventes distinctes qu'aujourd'hui. La seule différence, c'est que l'acheteur serait toujours le même, l'Etat ; mais qu'importe, puisque c'est un acheteur sans volonté propre, qui ne peut pas refuser d'accorder sa commande à celui qui offre le plus bas prix. N'est-ce pas, au fond, exactement la même chose que pour les ventes ordinaires sur le marché ? Les fabricants y trouveraient même l'avantage de pouvoir toujours vendre au comptant et d'échapper au jeu des *filières*. Quant au commerce de gros, il ne serait pas sensiblement modifié à l'intérieur (car lui aussi pourrait soumissionner), et il conserverait toute sa liberté avec l'extérieur. »

De cette façon, que deviendra, les jours d'adjudication, l'industriel qui n'aura pas réussi ? Il se produirait, ces jours-là, des encombrements d'offres aboutissant à des rabais impossibles à certains fabricants, qui n'auraient d'autres ressources (d'après l'auteur) que les expéditions à l'extérieur ; et l'on sait que l'extérieur n'enlève que un pour cent de la production nationale. Je préférerais le système des tabacs : le cultivateur vend à des prix déterminés et il est sûr de l'écoulement de ses produits.

ARTICLE V

L'ALCOOLISME. — SES CAUSES

« Nous avons dit que ce nouveau régime fournirait un moyen de combattre l'alcoolisme. Ce terrible mal, qui entraîne tant de crimes et détruit tant d'existences, est dû surtout aux impuretés contenues dans les alcools de betteraves, de grains, de pommes de terre, etc., qui se sont subtitués presque entièrement aux alcools de vins. »

J'ai traité cette partie en quelques mots, f° 34.

ARTICLE VI

RECTIFICATION DES ALCOOLS

« Il faudrait donc expulser absolument tous ces alcools dits supérieurs. C'est le but de la rectification. Mais il est maintenant encore fort difficile de la faire complète, et cela restera toujours coûteux. Or, le commerce ne se décide guère à payer une qualité qui n'est pas apparente ; d'un autre côté, les tribunaux ne peuvent pas l'y contraindre en traitant ces impuretés comme des falsifications, puisqu'elles sont un produit nécessaire de la fabrication. Lors même qu'on ferait une loi spéciale pour les atteindre, elle resterait inefficace, puisque pour l'appliquer sérieusement il faudrait analyser chaque bouteille, c'est-à-dire faire 3 ou 400 millions d'analyses par an. »

J'ai établi par l'examen des monopoles existants que cette falsification serait encore plus facile sous l'égide de l'Etat ; par cette raison qu'aucune loi ne pourrait l'atteindre et que le consommateur serait réduit à souffrir ou à s'abstenir.

ARTICLE VII

LA PETITE BOUTEILLE

« Voilà l'alcool livré à l'Etat et sa pureté vérifiée. L'administration se borne à l'étendre d'eau au degré voulu et à le mettre dans des bouteilles d'un quart de litre, portant des signes très visibles de reconnaissance et construites de manière à être aussi difficiles à remplir que possible après avoir été vidées. Ces bouteilles seraient ensuite vendues un franc et expédiées sans aucune formalité aux particuliers ou aux débitants. »

Le consommateur ou détaillant est réduit à ne se servir que des bouteilles de l'Etat. (1 franc les 25

centilitres, et eau-de-vie à 40°) et il ne peut en entamer plusieurs du même genre (voir question bougies)
Que penser d'un pareil assujettissement ?

ARTICLE VIII

REMISE AUX DÉBITANTS

« Les débitants recevraient une remise de 10, 15 ou 20 pour 100 bien supérieure à celle des débitants de tabacs, qui ne dépasse pas 8 pour 100, et vendraient les petits verres 10 centimes, avec des petits verres de dix au quart de litre. Il ne pourraient transvaser l'eau-de-vie dans d'autres bouteilles que celles de l'Etat, lesquelles constitueraient la quittance de l'impôt. »

Voilà les débitants, cafés luxueux ou cabarets borgnes, réduits à prélever de 10 à 20 c. pour °/₀ sur des liquides à prix déterminés, de façon que l'épicier au comptoir aura le même avantage que le cafetier qui offre tout le bien-être possible au consommateur.

Vraiment, c'est à pouffer de rire.

ARTICLE IX

VENTE DES MARCHANDS EN GROS

« Quant aux liqueurs particulières, supérieures ou réputées telles, la régie se bornerait à livrer les bouteilles qu'elle ferait payer vides le même prix que si elles étaient remplies d'eau-de-vie commune, c'est-à-dire 1 franc le quart de litre, et à vérifier, si cette liqueur superfine possède au moins le minimum de pureté exigé des liqueurs communes. Il va de soi que ces eaux-de-vie ne seraient point tarifées comme celles de l'Etat. Chacun les vendrait le prix qu'il voudrait ; personne ne pourrait non plus les faire sortir des bouteilles de l'Etat. »

Il resterait donc aux marchands en gros la vente des liqueurs fines. Le prix ne serait pas taxé ; mais les commerçants devraient se servir des bouteilles d'un quart de litre, livrées par l'Etat. Je crois pouvoir assurer que le nombre de ces négociants diminuerait considérablement, surtout avec un concurrent comme l'Etat, qui aurait tous les atouts dans son jeu.

ARTICLE X

MOYENS DE FRAUDE

« Ceci établi, la fraude deveindrait difficile, car toute liqueur qui ne serait pas dans la bouteille de l'Etat porterait en elle-même la preuve de sa fraude et les consommateurs seraient intéressés à la dénoncer, car elle serait en même temps suspecte d'être toxique.

« Mais les débitants ne pourraient-ils pas remplir d'eau-de-vie fraudée les bouteilles qu'ils auraient une fois vidées ? Cela serait au moins fort long et probablement fort difficile grâce aux particularités de construction de la bouteille. Puis, il faudrait remplir successivement 400 bouteilles pour frauder un seul hectolitre, qu'on peut aujourd'hui jeter en un clin d'œil dans le tonneau d'un cabaretier, quand on est parvenu à le faire partir, sans payer, des usines ou des entrepôt surveillés d'une façon permanente par la régie. Enfin, il y a un moyen bien simple d'empêcher la divagation des bouteilles légales, c'est de les faire payer à part en dehors du montant de l'impôt, comme cela se fait déjà dans le commerce des liquides. Ce prix (1 franc ou 2 francs par exemple) serait res-restitué contre renvoi des bouteilles vides: chacun serait donc intéressé à les renvoyer au plus vite à la régie, et le cabaretier qui en conserverait chez lui plusieurs centaines se dénoncerait d'avance comme se préparant à frauder. »

Il suffit de lire attentivement cet article, pour constater les vexations auxquelles tout le public serait exposé.

ARTICLE XII

LE MILLIARD !

« Qu'obtiendrait-on en réorganisant ainsi l'impôt de l'alcool ! Plus d'*un milliard* qui ne coûterait pas un centime aux consommateurs, puisque le prix du petit verre serait maintenu, comme il l'est aujourd'hui presque partout, à 10 centimes, en prenant quarante petits verres au litre, et en maintenant l'eau-de-vie à 40 degrés, ce qui dépasse la moyenne actuelle. Sur cette base, chaque hectolitre d'alcool pur fournit 250 litres de liqueur qui, à 4 francs le litre, représentent 1.000 francs. En 1884, la Régie a taxé 1.488.000 hectolitres pur qui auraient fait entrer dans le Trésor 1 milliard 488.000.000 francs, soit près d'un milliard et demi. Il faudrait en déduire d'abord le prix de l'alcool, environ 50 francs l'hectolitre : doublons-le pour être large et tenir compte des frais de manipulation et de transport, cela fera 150 millions en chiffres ronds. La remise des débitants à 10 pour 100 représente à peu près la même somme ; c'est donc en tout 300 millions à déduire, et il en reste encore 1,200, ou au moins *un milliard 50 millions*, si on veut porter la remise des cabarets à 20 0/0. Le produit actuel de l'impôt étant de 250 millions, le nouveau système donnerait donc 800 millions de plus. »

Les chiffres sont vrais, établis sur la consommation actuelle. Mais l'auteur (un habitant du Nord, je crois) est bien téméraire en affirmant que le consommateur ouvrier boirait autant de petits verres à 10 centimes, fussent-ils garantis purs par la Régie, qu'il en buvait à 5 centimes sans garantie de qualité. Ce fait n'échappera à personne.

RÉSUMÉ

Dans ce projet de loi, tout est irréalisable. La pratique est impossible. Lesrevenus sont illusoires ; et cependant nos législateurs s'adonnent avec acharnement à y découvrir quelques avantages.

De plus, cette loi me paraît muette sur les questions d'indemnités qui ne devraient pas seulement être attribuées aux industriels, mais en toute justice à tous les commerçants lésés ou ruinés par cette loi : ce qui formerait un chiffre quelque peu terrifiant.

Je ne m'occuperai pas du projet de loi sur le degré alcoolique des vins. Je n'ai pu l'étudier ; mais j'y trouve certaines difficultés d'application et je constate qu'il prêterait encore le flanc aux vexations ; de plus, cet impôt est peu démocratique, frappant toujours plus particulièrement la consommation de l'ouvrier.

Je termine, en recommandant spécialement l'ouvrage de M. Georges Hartmann, où chaque intéressé trouvera, parfaitement développés, tous les projets mis au jour, et qui, pour la plupart, paraissent se rapprocher de celui décrété par le gouvernement provisoire de 1848, ou de la loi qui régit les cafés à l'intérieur.

CONCLUSION

Je jette maintenant le cri d'alarme, bien que je ne puisse supposer l'adhésion de nos représentants à cette loi de monopole ; mais en présence des dispositions de quelques personnages et surtout de certains précédents fâcheux, la prudence exige l'union la plus sérieuse ! Que chacun séparément travaille, que les syndicats s'organisent ; et, en employant tous les moyens possibles, qu'on arrive à faire abandonner piteusement une loi, sans dignité à quelque point de vue qu'on se place !

Franchement, peut-on, l'ayant lu, contester l'impraticabilité d'un pareil chef-d'œuvre ? et cependant la commission extra-parlementaire pour les boissons en accepte le patronnage, en se partageant en sous-commissions, et en l'acceptant a *priori*.

Il faut reconnaître que les travaux préparatoires font espérer un échec complet ; mais n'a-t-on pas déjà été témoin des conséquences de l'indifférence (1) en matière de lois ?

Aussi les industriels, négociants, consommateurs (des villes et des campagnes), ne doivent-ils rien négliger pour anéantir à jamais un pareil projet

---

(1) Ce serait une erreur de croire que ce projet est de date toute récente ; il remonte à 1880, époque à laquelle il fut publié. On n'y attacha aucune importance, comme à tant d'autres projets considérés comme des utopies ; il fit son chemin sournoisement. Il est devenu aujourd'hui d'une réalisation qu'on cherche à rendre possible, et d'autant plus inquiétante, que des manœuvres adroites et parfaitement étudiées peuvent se produire sans que les intéressés à la combattre aient des arguments suffisamment préparés.

qui, étant inscrit dans le programme fiscal, renaîtra à toute occasion, par l'avantage, que lui donnent les gens intéressés à sa réussite, d'être le seul propice à l'équilibre du budget, le seul susceptible de réaliser cette promesse plus ou moins réfléchie : *pas d'impôts nouveaux, pas de nouvelles charges* (1). Cette promesse ne nous reporte-t-elle pas forcément à une époque autrement pénible et qui fut formulée par un homme autrement célèbre. « Pas un pouce de notre terrain, pas une pierre de nos forteresses. » Promesse plus que respectable et que la force primant le droit a fait avorter. Et sans entrer profondément dans la question, M. Jules Favre, de vénérable mémoire, se prononçait avec cette conviction du vrai patriote qui espère dans la vitalité de son pays. Il s'est trompé et il fut critiqué par ceux qui l'avaient le plus approuvé ; aujourd'hui la position fiscale n'est évidemment pas comparable à la situation militaire de cette époque ; et si, pour combler les déficits du budget, on ne veut pas d'impôts nouveaux , que l'on cherche une loi moins falsifiée (pour me servir d'une expression à la mode) pour remplir cette promesse irréalisable ; ou alors que l'auteur ait le courage de s'avouer vaincu. Et, de guerre lasse, qu'on se décide à attaquer cette forteresse de réserve et à l'enlever par un assaut en règle, sauf à l'abandonner quand les circonstances le permettront.

(1) Si on ne peut qualifier cette loi de charge, ce n'est pas un allégement, dans tous les cas, pour le contribuable.

Alors la possibilité de ne plus créer d'impôts ne sera plus un rêve, et peut-être on supprimera les plus vexatoires. Et, après le combat, vainqueurs et vaincus s'uniront pour reconquérir ce que la force des choses les aura contraints d'abandonner.

Puisse la réalisation de ce vœu être le précurseur de l'accomplissement de nos rêves patriotiques, et alors nous ne douterons plus des intentions démocratiques de nos hommes d'Etat.

Cette nécessité s'impose d'autant plus que, par une résistance insensée, on se verra acculé ; et ce moyen, qu'on veut éloigner comme un fantôme, apparaîtra comme le dernier élément pour faire face à notre position financière, positivement critique, par suite des dépenses effrénées plus ou moins irréprochables dues aux circonstances.

Mais aucune raison valable ne saurait permettre de continuer un système qui consiste à épuiser jusqu'à la dernière goutte ces généreuses mamelles du travail. Je me révolte à cette idée ; et, je le répète hautement, il n'est pas possible qu'on prête plus longtemps l'oreille à un projet qui, en somme, atteindrait sous tous les rapports depuis le plus humble jusqu'au plus élevé des citoyens.

J'espère que l'appel d'un simple commerçant, agissant sous l'impression que peut laisser au travailleur la crainte de se voir ruiner d'un seul trait de plume, sera entendu de tous les intéressés, et que tous travailleront à la réalisation de projets qui nous donneront la justice et la liberté, que la nation a le droit de réclamer de ses gouvernants.

Je crois ne pas m'être écarté du rôle que je me suis imposé, celui de défendre mon Commerce et ma position, et de n'avoir froissé qui que ce soit ; et si, par quelques expressions jugées utiles au sujet, j'étais sorti de cette réserve, je déclare l'avoir fait sans intention et je compte sur l'indulgence de chacun pour m'en excuser.

FIN

9 782019 961190